ESSAI

SUR

LA MÉTAMORPHOSE

DES PLANTES.

GENÈVE

Imprimerie de J. Barbezat et Comp.

ESSAI

SUR LA

MÉTAMORPHOSE

DES PLANTES,

par J. W. de Goethe,

CONSEILLER INTIME DE S. A. LE DUC DE SAXE WEIMAR.

Traduit de l'allemand sur l'Édition originale de Gotha (1790),

par M. Frédéric de Gingins-Lassaraz.

GENÈVE.

J. BARBEZAT ET CIE, IMPRIMEURS-LIBRAIRES,

RUE DU RHÔNE, 177.

PARIS. Même Maison, rue des Beaux-Arts, 6.

1829

PRÉCIS HISTORIQUE

ET

AVANT-PROPOS

DU TRADUCTEUR.

> « Les théories sans les faits sont
> « des métiers d'esprit. »
>
> VAUVENARGUES.

Il existe deux manières fort différentes de considérer les végétaux : l'une, et c'est la plus ordinaire, compare entre elles toutes les plantes qui composent le règne végétal; l'autre compare entre eux les divers organes qui forment la plante, et l'observe comme un symptôme individuel de la vie végétale. La première de ces deux manières d'étudier les plantes nous conduit à la connaissance de tous les végétaux qui sont répandus sur le globe, de leurs rapports naturels, de leur mode de vivre, et de leur utilité. La seconde nous apprend à connaître les organes de la plante, leurs fonctions physiologiques et le rôle qu'ils jouent dans son économie vitale. Elle étudie la marche des développemens et les métamorphoses que les parties peuvent subir; elle nous fait voir dans la plante un être qui naît, qui s'accroît, qui se reproduit et qui meurt. En un mot, l'une est l'*histoire des plantes*, et l'autre l'*histoire de la plante*.

Cette dernière façon d'envisager les végétaux a reçu l'épithète de philosophique, parce qu'elle se lie plus étroitement à la philosophie de la nature. Mais, en réalité, ces deux manières d'étudier les êtres sont inséparables; on ne saurait bien apprécier les rapports naturels des végétaux comparés entre eux, qu'en appréciant aussi à leur juste valeur les diverses apparences sous lesquelles les organes se déguisent à nos yeux; et, d'un autre côté, la vraie nature des organes ne peut nous être dévoilée que par la comparaison des parties analogues dans un grand nombre de végétaux de différents genres.

Ces considérations pourront faire accueillir la traduction de l'ingénieux Essai de Goethe sur la Métamorphose des plantes, le temps et l'observation des faits ayant plus ou moins constaté la vérité de sa théorie.

Il était réservé à ce poète, connu par l'ingénuité et le naturel de ses productions littéraires, de porter sur le végétal le coup-d'œil de son génie dégagé de toute prévention systématique, et de nous montrer la plante dans toute la simplicité de sa nature, exerçant dans le silence et le mystère la faculté de végéter, de fleurir et de se reproduire. Comprimant l'élan naturel de son imagination, le poète, appuyé sur un petit nombre d'exemples vulgaires, mais bien choisis, s'est imposé l'obligation de conduire ses lecteurs pas à pas, par une route aussi simple que lumineuse, vers l'évidence des vérités dont il était pénétré. Aussi sa théorie est éminemment élémentaire, et très propre à instruire et à convaincre ceux même qui n'ont fait aucune étude approfondie des végétaux; et, sous ce rapport, elle pourrait servir de modèle à ceux qui sont jaloux de rendre populaire la connaissance des êtres qui nous entourent.

La première édition de la Métamorphose des plantes parut à Gotha, en 1790. Loin de produire alors aucune sensation, elle fut assez mal accueillie par un public accoutumé à ne voir sortir que des fictions poétiques de la plume de cet auteur favori. On lui sut mauvais gré d'avoir franchi le cercle de ses travaux littéraires, et l'on attribua cet écart au déclin de son génie. On oublia que le poète, qui bien souvent avait trempé ses pinceaux dans les brillantes couleurs de la nature, pouvait à son tour, sans déroger à son talent, prêter le charme de sa plume à la description de ses ouvrages.

Malgré ce mauvais succès, l'idée de la métamorphose germa dans l'obscurité, et elle a fait insensiblement de nombreux et d'illustres prosélytes. Encouragé par ce résultat, l'auteur donna en 1817 une seconde édition de son Essai (1), qui a servi de texte à cette traduction, quoique dès-lors nous

(1) Zur Morphologie 1. heft.

ayons pu nous procurer l'édition originale.

Mais, dans l'intervalle, un célèbre botaniste, sans connaître l'ouvrage de Goethe, guidé par une supériorité de talent dont il ne m'appartient pas de juger tout le mérite, s'appuyant sur une étude profonde du règne végétal et sur une masse considérable de faits et d'observations, exposa en 1813, dans sa théorie élémentaire, les principes de la symétrie des organes et l'histoire de leurs métamorphoses, qu'il nomma *dégénérescences*. Fondée sur des bases aussi solides, cette théorie, loin d'avoir le sort de l'ouvrage de Goethe, ne pouvait manquer de faire faire de nombreux et rapides progrès à l'étude naturelle et philosophique des végétaux, et cet ouvrage vient d'être complété par la publication de l'*Organographie végétale*, qui résume toutes nos connaissances actuelles sur les organes des plantes. (1)

Sans entrer ici dans aucun détail chronologique des auteurs antérieurs ou postérieurs

(1) DC. Théor. Élém. de Bot. 1re édit. Paris, 1813. — DC. Organ. Végét. 1re édit. Paris, 1827.

qui ont publié des vues analogues à celles de Goethe, sur la métamorphose des organes des végétaux, nous citerons les principaux.

Au nombre des plus anciens botanistes qui ont comparé les organes des végétaux entre eux, et qui ont étudié leurs analogies, on peut sans doute ranger Joach. Jungius, dont les *Isagoge Phytoscopica*, publiées il y a déjà deux siècles et demi (1), contiennent une description organographique des parties de la plante, qui se fait remarquer par la sagacité et la justesse des définitions; cet ouvrage, trop peu connu, aurait immortalisé son auteur et avancé d'un siècle le siècle de Linné, s'il avait été apprécié dans son temps comme il le méritait.

La théorie de l'anticipation (*prolepsis*) de Linné, qui parut en 1751, loin d'étendre la connaissance de la métamorphose dans les plantes, retarda au contraire ses progrès, sa théorie étant évidemment fondée sur des erreurs. On verra plus loin comment Goethe en développe les défauts; cependant, malgré

(1) 1678. Sprengel gesah. d. bot. 2, p. 29.

ces erreurs, cette théorie prouve que le Pline du Nord avait reconnu la transformation graduelle des organes; mais il l'attribuait à la transformation des couches de la tige, soit à une sorte de *décortication* analogue à celle des insectes. (1)

Un peu plus tard, Gaspard Friederich Wolf, professeur à l'académie de Pétersbourg, fit faire un pas de plus à la métamorphose, et annonça positivement l'identité de tous les organes extérieurs des végétaux, malgré la diversité de leurs formes; il reconnut la ressemblance des feuilles du calice avec celles de la tige, le rapprochement en verticilles, qui s'opère par le raccourcissement des entrenœuds, la transformation des feuilles calicinales en pétales, la métamorphose des pétales en étamines, etc. etc.

Il attribua cette série de modifications à la diminution progressive des forces végétatives; mais, arrêté par ses principes, qui ne lui permettaient point de passer les bornes de l'autopsie des objets, il ne réfléchit pas

(1) Voy. *Amœnit. Acad.* vol. VI, pp. 324 et 365.

que la force végétative, en diminuant d'intensité, était remplacée par la force reproductive, et que les organes se perfectionnaient et s'ennoblissaient.

Goethe nous apprend qu'il ne connaissait pas ces observations de Wolf à l'époque où parut la première édition de sa Métamorphose, et que ce ne fut que plus tard qu'il fut instruit de cet antécédent.

Dans le nombre des auteurs postérieurs, nous nommerons d'abord M. Aubert Dupetit-Thouars (1), qui considéra la fleur comme un bourgeon, et attribua la formation des organes floraux à la transformation des feuilles. L'ingénieux Turpin, dans son Iconographie, reconnaît aussi l'identité de tous les organes appendiculaires des végétaux.

Enfin, le célèbre R. Brown paraît avoir également connu l'analogie intime des organes latéraux et leurs dérivations progressives en organes floraux. (2)

Ainsi, nous sommes fondés à dire que la

(1) Journ. de Phys. t. LXXXIX, p. 385 (1819).

(2) Linn. Trans. t. XIII, pag. 211, note.

métamorphose des organes est généralement admise aujourd'hui par la pluralité des botanistes de tous les pays. Quant à l'idée fondamentale de la métamorphose, elle doit être entendue en ce sens, que les différents organes appendiculaires des végétaux, tels que sépales, pétales, étamines et carpelles, existent virtuellement (mais non actuellement) dans la feuille caulinaire, c'est-à-dire que la même force d'évolution qui, dans des circonstances données, produit une feuille, peut dans d'autres circonstances produire un sépale, un pétale, etc.

Cette base fondamentale de la métamorphose est le seul point sur lequel tous les auteurs cités paraissent d'accord; mais il reste à déterminer, soit par l'expérience, soit par l'observation, quels sont les changemens anatomiques et physiologiques que subit l'organe originel dans chacune des six périodes que Goethe distingue dans la métamorphose régulière. Le système d'expansion et de contraction alternative, réuni à la présence de sucs végétaux plus finement organisés, suffit-il, ainsi que Goethe le pense, pour expliquer tous les changemens de nature et de forme que nous apercevons dans les divers organes extérieurs des végétaux? Je ne me permettrai pas d'énoncer une opinion à cet égard; mais cette question me paraît digne de toute l'attention des botanistes.

Berne, le 2 juin 1827.

ESSAI

SUR

LA MÉTAMORPHOSE

DES PLANTES.

Non quidem me fugit nebulis subinde hoc emersuris iter offundi, istæ tamen dissipabuntur facile ubi plurimum uti licebit experimentorum luce, natura enim sibi semper est similis licet nobis sæpe ob necessariarum defectum observationum a se dissentire videatur.

(*Linnæi Prolepsis Plantarum Diss.* 1.)

CONSIDÉRATIONS

PRÉLIMINAIRES.

1°. Tous ceux qui observeront avec quelque attention la végétation des plantes, s'apercevront aisément que quelques-unes de leurs parties extérieures se transforment et prennent plus ou moins l'aspect des parties voisines.

2°. C'est ainsi, par exemple, que les fleurs simples deviennent doubles lorsque les étamines et les pistils se changent en pétales, ordinairement assez semblables à ceux de la corolle, quant à leur forme et à leur coloris, mais qui conservent souvent des traces visibles de leur origine.

3°. En réfléchissant que, dans ces végétaux à fleurs doubles, la plante manifeste le pouvoir de faire un pas en arrière, et que l'ordre habituel du développement des parties s'y trouve comme interverti, nous deviendrons d'autant plus attentifs à la marche que la nature suit dans ses développemens réguliers; nous étudierons les lois de ces transformations, et elles nous dévoileront comment la nature crée des formes, en apparence très-différentes, par de simples modifications d'un seul et même organe.

4°. L'affinité secrète de plusieurs organes extérieurs des végétaux, tels que les feuilles et le calice, les pétales et les étamines, ainsi que la manière dont ils naissent les uns après les autres, et en quelque sorte les uns *des* autres, a été dès long-temps pressentie par les naturalistes : quelques-uns même ont étudié avec soin ces analogies et ces transformations, et l'on a nommé *Métamorphose des plantes* le phénomène par lequel un seul et même organe se présente à nous sous un grand nombre de formes diverses.

5°. Cette métamorphose se montre de trois manières : elle est *régulière*, *irrégulière*, ou *accidentelle*.

6°. La métamorphose régulière pourrait être nommée *ascendante* (1); elle se montre par une série de développemens progressifs, depuis l'évolution des feuilles séminales jusqu'à la maturité complète du fruit; elle s'élève d'échelon en échelon, par une suite de transformations successives, jusqu'à la destination finale de la plante, qui est la reproduction de l'espèce. C'est cette classe de métamorphoses que j'ai étudiée avec attention pendant

(1) Ou progressive (*metamorphosis adscendentia*).

plusieurs années, et que je vais essayer de dévoiler dans le présent ouvrage.

Nous nous bornerons à ne considérer ici que les végétaux annuels qui croissent par une série d'évolutions non interrompue, depuis leur germination jusqu'à leur reproduction.

7°. La métamorphose irrégulière pourrait aussi s'appeler *descendante* (1) : car, dans le cas précédent, la nature se hâte de s'élever au sommet de l'échelle de son développement; dans celui-ci, elle semble au contraire redescendre de quelques degrés. Là, nous la voyons comme entraînée par un penchant irrésistible, travailler avec activité à préparer sa couche nuptiale en épanouissant ses brillantes fleurs; ici, au contraire, elle semble comme paralysée, et, languissante, irrésolue, elle laisse son œuvre incomplète, dans un état, qui à la vérité flatte nos regards, mais n'en est pas moins stérile et imparfait. Les observations que nous aurons l'occasion de faire dans cette classe de métamorphoses, nous découvriront les mystères de la métamorphose régulière, et, ce que nous ne pourrons concevoir dans celle-ci que par la pensée, deviendra perceptible à nos sens dans la métamorphose irrégulière. Nous pouvons donc espérer d'arriver, par cette marche aussi simple

(1) Ou rétrogradante (*Metam. descendentia*).

que sûre, au résultat que nous avons en perspective.

8°. Nous ne nous arrêterons point à la métamorphose accidentelle, produite, soit par la piqûre des insectes, soit par quelque autre cause fortuite ou étrangère; car cette classe de métamorphoses ne ferait que nous détourner de la route directe que nous devons suivre, et pourrait même nous écarter de notre but. Ailleurs peut-être nous aurons l'occasion de parler de ces excroissances monstrueuses, qui cependant paraissent avoir des limites déterminées.

9°. J'ai tenté de m'expliquer dans cet essai sans le secours de planches ni de figures, lesquelles ne laisseraient pas d'être d'une grande utilité. Je me réserve de les publier par la suite, et j'en trouverai l'occasion d'autant plus tôt qu'il me restera bien des observations à ajouter à ce travail préliminaire. Il sera moins nécessaire alors de marcher à pas comptés, et j'aurai l'occasion de rassembler les faits qui se rapportent à mon sujet, et de citer les observations antérieures des auteurs dont les idées sont en harmonie avec les miennes. Je ne négligerai pas non plus de faire usage des travaux des auteurs contemporains dont la science s'honore; en attendant, je leur livre et je leur dédie ces pages.

CHAPITRE PREMIER.

DES FEUILLES SÉMINALES

OU

COTYLÉDONS.

10°. Nous étant proposé de suivre pas à pas la marche des développemens dans les végétaux, nous devons considérer la plante dès le moment où elle commence à germer. A cette époque, nous reconnaissons aisément les parties qui appartiennent immédiatement à la nouvelle plante. Elle se débarrasse de ses enveloppes séminales, et les laisse ordinairement dans la terre : ainsi nous ne nous y arrêterons point. Lorsque sa radicule s'est affermie dans le sol, elle met au jour les premiers organes de sa végétation, lesquels existaient déjà, cachés sous les tégumens de la graine.

11°. Ces organes primordiaux sont connus sous le nom de Cotylédons; on les a aussi nommés feuilles séminales, lobes, etc.; et, par ces dénominations, on a cherché à exprimer l'apparence sous laquelle ils se présentent à notre vue.

12°. Ils sont souvent assez informes, très épais, proportionnellement à leur largeur, et remplis d'une matière brute; leurs vaisseaux sont difficiles à distinguer de leur masse; souvent ils n'ont aucune ressemblance avec des feuilles, et l'on serait fort tenté de les prendre pour des organes particuliers. (1)

13°. Mais, dans plusieurs végétaux, ils approchent de la forme des feuilles; ils sont planes, et verdissent lorsqu'ils sont exposés aux influences de la lumière et de l'air; leurs vaisseaux sont plus distincts, et ressemblent aux nervures des feuilles. (2)

14°. Enfin, dans un grand nombre de cas, ils ont tout-à-fait l'apparence des feuilles; leurs vaisseaux se divisent en ramifications déliées; leur extrême ressemblance avec les feuilles qui se développent à leur suite, ne permet plus de les considérer comme des organes distincts, et nous

(1) Le haricot commun (*Phaseolus vulgaris*). Turpin, Icon. t. 36, f. 10. (NOTE DU TRAD.)

(2) Diospyros Virginiana. — Turp. l. c. f. 12. (NOTE DU TRAD.)

sommes forcés de reconnaître que ces cotylédons ne sont que les premières feuilles de la tige. (1)

15°. Comme on ne saurait concevoir de feuille sans le nœud qui la porte, ni de nœud sans un point vital, nous pouvons conclure que le point de la tigèle où les cotylédons sont attachés, est le premier nœud vital de la plante. Cette vérité est confirmée par les plantes qui poussent des bourgeons de l'aisselle même des cotylédons, et qui produisent des rameaux de ce premier nœud vital: telle est, par exemple, la fève (*vicia faba*).

16°. Les cotylédons sont ordinairement au nombre de deux, et cette circonstance nous conduit à une observation dont la suite nous fera sentir toute l'importance, savoir que les cotylédons sont opposés dans le premier nœud vital, même quand les feuilles suivantes sont alternes; il se manifeste donc déjà dans ce premier nœud vital un rapprochement et une connexion entre des parties que la nature éloigne et sépare par la suite. Ceci est bien plus remarquable encore dans les espèces où les cotylédons sont plus nombreux et verticillés autour d'un même nœud, tan-

(1) Le tilleul, *Tilia Europæa*. De Candolle, Organ. 2, t. 50, f. 1. (NOTE DU TRAD.)

dis que les feuilles qui se développent successivement autour de la tige, qui surgit du milieu de ce premier verticille, sont isolées. C'est ce qui se voit bien distinctement dans la germination des pins (1); une couronne de pinules rangées en cercle, forme comme une espèce de calice; nous aurons fréquemment l'occasion par la suite de nous rappeler cette première observation.

17°. Nous ne nous occuperons point pour le moment des végétaux dont l'embryon n'est pourvu que d'un seul lobe ou cotylédon, leur germe n'étant composé que d'une seule masse informe (2).

18°. Mais nous remarquerons que les cotylédons, lors même qu'ils ont le plus de ressemblance avec les feuilles, sont néanmoins toujours beaucoup moins développés que celles qui les suivent. Leur circonférence est ordinairement simple et entière; on n'y voit que rarement des traces de découpures, et leurs surfaces sont le plus souvent privées des poils, glandes, etc. qui couvrent fréquemment les feuilles plus développées.

(1) *Pinus pinea*, des Organ. Vég. t. 51, f. 2. (Note du Tr.)

(2) Voy. le Mémoire d'Agardh sur les Embryons monocotylédons, dans les Actes de la Soc. Léop. de Bonn, t. 13, p. 88 et suiv. (Note du Trad.)

CHAPITRE II.

DÉVELOPPEMENT SUCCESSIF

DES

FEUILLES AUX NŒUDS DE LA TIGE.

19°. Si maintenant nous suivons avec attention le développement successif et toujours plus parfait des feuilles sur la tige, nous verrons la nature opérer à peu près sous nos yeux ses perfectionnemens progressifs. Dans l'embryon même, deux ou plusieurs feuilles sont souvent déjà visibles entre les cotylédons (1); on les connaît dans leur état de plicature sous le nom de plumule. Leur forme est différente, soit des cotylédons, soit des feuilles qui suivent et varient selon les espèces. Elles diffèrent ordinairement des cotylédons par leur surface plane, par leur consistance membraneuse et entièrement foliacée, et par leur couleur verte; elles partent toujours d'un nœud vital bien distinct; aussi leur parfaite identité avec les feuil-

(1) Le haricot commun, *Phaseolus vulgaris*. (NOTE DU TR.)

les caulinaires subséquentes ne peut plus être méconnue. Cependant elles se distinguent ordinairement de celles-ci par leur circonférence, dont les bords sont moins épanouis et moins finis.

20°. Nous observons ensuite que les feuilles acquièrent de nœud en nœud un développement plus parfait; la côte moyenne s'allonge, les nervures latérales qui s'en échappent à droite et à gauche, s'écartent davantage en s'épanouissant et en se ramifiant vers les bords. Les rapports variés de ces nervures entre elles sont la cause principale des différentes formes des feuilles (1); elles deviennent crénelées, lobées ou composées de plusieurs folioles, et, dans ce dernier cas, elles nous offrent tout-à-fait l'image d'un rameau. La feuille du dattier nous présente un exemple évident de cette extrême décomposition d'une feuille originairement très simple. En observant une suite de ces feuilles, nous voyons que la côte moyenne se prolonge; les filets qui la composent se séparent, s'épanouissent; le limbe cède à ces efforts des nervures, se déchire, et la feuille simple devient une feuille très divisée, qui rivalise avec un rameau. (2)

(1) Voy. De Cand. Théor. élémentaire de Botanique, 2e édit. p. 361, art. 7. (Note du Trad.)

(2) *Areca alba*. DC. Organ. Vég. t. 27. (Note du Trad.)

21°. A mesure que l'évolution des feuilles devient plus complète, le pétiole se forme plus distinctement, soit qu'il adhère immédiatement à la lame de la feuille, soit qu'il forme une queue susceptible de s'en détacher plus tard. (1)

22°. Plusieurs végétaux, tels que les orangers, nous apprennent que ce pétiole lui-même est susceptible de devenir foliacé (2), et cette organisation nous conduira à faire par la suite certaines observations que nous devons différer pour le moment.

23°. Nous ne pouvons non plus nous arrêter ici aux stipules; nous remarquerons simplement en passant que quand elles adhèrent au pétiole, elles jouent un rôle important dans les transformations. (3)

24°. Si les feuilles reçoivent leur nourriture principale des fluides plus ou moins modifiés qu'elles tirent de la tige, elles doivent aux influences de la lumière et de l'air leur développement

(1) Comme le pétiole des feuilles ou des folioles articulées. (NOTE DU TRAD.)

(2) Les feuilles des acacias de la Nouvelle-Hollande en sont un exemple plus frappant. (NOTE DU TRAD.)

(3) Cet organe est l'un des plus embarrassants dans la théorie des transformations. Mon ingénieux ami J. Roeper a fort bien observé que les stipules forment le calice extérieur des Potentilles et d'autres rosacées. (NOTE DU TRAD.)

plus parfait et la délicatesse de leur tissu: car nous voyons que les cotylédons, enveloppés par les tégumens de la graine, et remplis d'une matière épaissie, ont une organisation plus grossière, et que les végétaux qui croissent dans l'eau ont des feuilles d'une organisation moins parfaite que celles qui croissent à l'air; il y a plus encore, la même espèce produira des feuilles dont le tissu sera moins fini et la surface plus unie lorsqu'elle aura végété dans un sol bas et marécageux, tandis que, transporté dans des localités plus élevées, leur surface y deviendra rude, velue, et leur tissu sera plus finement travaillé.

25°. Ainsi l'anastomose des vaisseaux qui s'échappent des nervures, et qui tendent à se joindre par leurs extrémités en formant le réseau délicat de la feuille, paraît, si ce n'est absolument déterminée, au moins très favorisée par l'influence des fluides aériens. En observant la forme capilacée ou tubuleuse des feuilles qui croissent sous l'eau, nous sommes disposés à l'attribuer au défaut d'anastomose. C'est ce que nous apprend visiblement la Renoncule aquatique, dont les feuilles submergées sont chevelues, tandis que celles qui se développent hors de l'eau sont anastomosées et laminaires. On trouve même dans cette espèce des feuilles moitié chevelues et moitié laminées et anastomosées, qui nous montrent le passage d'un état à l'autre.

26°. On s'est assuré par des expériences que les feuilles absorbent différentes sortes de gaz, et les combinent avec les matières qu'elle contiennent. (1) On ne peut mettre en doute que ces matières raffinées sont ramenées dans la tige, et servent à la nutrition des bourgeons qui naissent dans leur proximité. (2) On a analysé les gaz évaporés par les feuilles de certains végétaux, et même par leurs vaisseaux; on a donc pu se convaincre parfaitement de ce fait.

27°. Dans plusieurs végétaux, chaque entrenœud semble sortir du nœud précédent. Dans ceux dont les entrenœuds sont distincts et séparés par des cloisons transversales, tels que les graminées et les jones, cette espèce d'emboîtement est très visible; il est moins évident dans les espèces dont les nœuds sont ouverts ou simplement remplis de tissus cellulaires. Mais comme on refuse à la moëlle, par des raisons qui nous paraissent bien fondées, le rang qu'elle avait usurpé sur les autres parties du végétal, et comme on n'a pas hésité à attribuer à la partie intérieure de

(1) Théod. de Saussure, Recherches Chim. sur la Végét.

(2) Knight Phyl. Trans.

l'écorce, soit au liber, toute la puissance vitale de la plante, on se convaincra plus aisément que si l'entrenœud supérieur sort du nœud inférieur, et reçoit de celui-ci les sucs qui le nourrissent, ces sucs doivent lui parvenir dans un état de filtration d'autant plus élaborée, que l'entrenœud est placé plus haut, et que les feuilles qui en sortent, participant à ce perfectionnement, auront une texture plus fine et plus délicate, et porteront à leur tour, à leurs bourgeons respectifs, une lymphe plus subtile.

28°. C'est ainsi que le végétal, en se débarrassant, par les canaux déférents, des fluides bruts et grossiers, et en se transmettant de nœud en nœud une lymphe toujours plus élaborée, arrive, par le moyen de cette progression, au degré de perfection que la nature lui a prescrit. Alors s'offre à nos regards un phénomène nouveau : il nous apprend que la période de végétation que nous venons de parcourir est terminée, et que nous sommes arrivés à une période nouvelle, celle de la fleuraison.

CHAPITRE III.

PASSAGE DU VÉGÉTAL

A L'ÉTAT DE FLEUR.

29°. Le passage du végétal à l'état de fleur est brusque ou graduel : dans le dernier cas, nous remarquons que les bords des feuilles de la tige tendent à se contracter, et que le nombre des découpures diminue, tandis que la partie inférieure qui les fixe à la tige s'élargit plus ou moins; nous voyons aussi que, quoique les entrenœuds ne s'allongent pas toujours, la tige devient néanmoins plus grêle et plus déliée.

30°. On a observé qu'une nourriture très abondante retarde ou même empêche la fleuraison, et qu'une nourriture plus modérée, ou même chétive, la hâte au contraire. Les fonctions attribuées plus haut aux feuilles caulinaires deviennent par là d'autant plus sensibles. Aussi long-temps qu'il reste des sucs grossiers à raffiner, les organes destinés à cette opération doivent acquérir tout leur développement afin de pouvoir accomplir cette opération nécessaire.

Lorsque la nourriture est trop abondante, cette opération doit sans cesse se renouveler, et la fleuraison devient ainsi presqu'impossible; si l'on soustrait cette nourriture, on facilite et on abrége cette opération; les organes foliacés deviennent plus déliés, l'effet prépondérant d'une sève plus raffinée et plus pure se manifeste, la métamorphose des parties devient possible, et s'opère graduellement, mais sans interruption.

CHAPITRE IV.

FORMATION DU CALICE.

31°. Souvent aussi cette métamorphose se fait brusquement, et dans ce cas la tige s'allonge et s'amincit subitement depuis l'entrenœud, d'où part la dernière feuille, et les feuilles se rapprochent à son sommet, et se rassemblent en verticille autour de son axe.

32°. Il est facile de se convaincre par une suite d'observations que les parties du calice sont les mêmes organes que jusqu'ici nous avons vus sous la forme de feuilles caulinaires, lesquelles paraissent ici plus ou moins modifiées dans leur forme, et réunies en verticille autour d'un même plan de section transversale de l'axe.

33°. Nous avons déjà observé un rapprochement semblable dans les cotylédons, et nous avons vu plusieurs feuilles cotylédonaires, et évidemment plusieurs nœuds vitaux, rassemblés autour d'un même point. Dans les espèces de pins, il sort des enveloppes séminales une couronne de pinules qui s'épanouit en rayons ; ces pinules, contre l'ordinaire des cotylédons, sont déjà visiblement foliacés ; ainsi, nous observons déjà, dans la première enfance de la plante, des indices de cette faculté de la nature par laquelle doit s'opérer dans un âge plus avancé la transformation de l'organe à l'état de fleur et de fruit.

34°. Nous voyons dans diverses fleurs des feuilles caulinaires, rassemblées au-dessous du verticille des pétales, former une espèce d'involucre ou de calice. Comme ces feuilles conservent absolument leur forme, il nous suffit de nous en rapporter à nos yeux et à la terminologie botanique qui les a désignées sous le nom de feuilles florales.

35°. Nous devons prêter une plus grande attention aux phénomènes de la transformation graduelle ; nous remarquons que les feuilles caulinaires se rapprochent, se contractent, se transforment et se glissent pour ainsi dire successivement dans le calice, comme on le voit aisément dans les calices communs (ou involucres) des radiées, et particulièrement dans le tourne-sol et les soucis.

36°. Cette faculté de la nature de rassembler plusieurs feuilles autour d'un même point de l'axe, produit un nouveau phénomène, savoir cette union intime des parties qui rend souvent leurs formes primitives tout-à-fait méconnaissables par la soudure partielle ou totale de ces mêmes parties entre elles. Les parties, ainsi rapprochées et pressées les unes contre les autres, se touchent dans leur jeunesse, s'unissent par leurs parties molles, qui sont alors pénétrées d'une lymphe très organisée; les fibres s'entrelacent, s'anastomosent, et composent ainsi ces calices nommés mal à propos monophyles, dont le bord, plus ou moins profondément divisé, pouvait nous indiquer qu'il est originairement composé de plusieurs pièces. Il nous est facile de nous convaincre par nos propres yeux de cette origine, en comparant les calices profondément divisés, à ceux dont les folioles sont libres, et surtout en examinant attentivement les involucres de plusieurs radiées. Nous verrons par exemple que l'involucre d'un souci (*calendula officinalis*), qui, dans les systèmes, est décrit comme simple et multifide, se compose de plusieurs folioles soudées, auxquelles viennent s'ajouter et se superposer des feuilles caulinaires contractées.

37°. Dans plusieurs végétaux, le nombre et la forme des folioles libres ou soudées du calice, verticillées autour de l'axe, sont définis ainsi, que le nombre et la forme de tous les verticilles suivants qui composent la fleur. C'est sur cette fixité numérique et sur la forme des parties, que reposent principalement les progrès, la solidité et le succès des sciences botaniques dans les derniers temps. Dans d'autres espèces, le nombre et la forme de ces parties ne sont pas constants; mais les maîtres de la science ont cherché, par des observations suivies, à découvrir les bornes de ces anomalies, et à les circonscrire dans un cercle plus étroit.

38°. Ainsi, la nature forme le calice en produisant par une évolution simultanée, et en verticillant autour d'un centre commun un nombre plus ou moins fixe de feuilles, et par conséquent aussi plusieurs nœuds, tandis que jusqu'ici cette évolution était successive et séparée par des entrenœuds. Si une nourriture surabondante avait empêché la formation de la fleur, ces mêmes parties se seraient développées à distance, et successivement sous leur forme originelle. La nature ne produit donc aucun nouvel organe dans la formation du calice; elle ne fait que rassembler et modifier les organes que nous connaissons déjà; mais en cela elle a déjà fait un grand pas de plus vers le but. (1)

(1) Voy. De Cand. Org. Vég. t. II, pl. 33, f. 1, e. et pl. 35.
(Note du Trad.)

CHAPITRE V.

FORMATION DE LA COROLLE.

39°. Nous avons vu que la formation du calice est due à la présence des sucs plus raffinés qui se sont purifiés peu à peu dans la plante, et le calice lui-même devient à son tour un organe propre à opérer une purification plus complète. Pour nous en convaincre, nous n'avons besoin que de réfléchir à l'action mécanique des organes qui le composent; les vaisseaux déliés qui, ainsi que nous l'avons remarqué, s'y trouvent dans un état de contraction extrême, deviennent ainsi très propres à opérer une filtration plus subtile.

40°. Nous avons pu observer dans plus d'une occasion les traces de la transformation du calice en corolle: car, quoique le premier conserve ordinairement la couleur verte des feuilles, cependant cette couleur change souvent dans les bords, aux extrémités, et sur les côtes du calice; il arrive même que sa face intérieure est colorée, tandis que la face extérieure est verte, et cette coloration paraît toujours accompagnée d'une complexion plus fine et plus délicate. Il en résulte des calices équivoques que l'on peut prendre à volonté pour un calice ou pour une corolle.

41°. Nous avons remarqué que, depuis les cotylédons en haut, la plante en croissant a manifesté une tendance à l'expansion et au développement complet de ses feuilles, et surtout à augmenter l'étendue de leur surface par un épanouissement plus complet de leurs bords; dans la formation du calice, au contraire, il y a un rapprochement de ces bords, et une contraction de l'organe. La formation de la corolle est due à une expansion nouvelle. Les feuilles de la corolle ou pétales, sont ordinairement plus grands que les feuilles du calice ou sépales, et l'on peut observer que, si les organes sont contractés dans le calice, ils s'épanouissent de nouveau dans la corolle en ramifications infiniment déliées par l'influence des sucs plus purs qui ont subi dans le calice une nouvelle filtration, et il nous apparaissent alors sous l'aspect d'organes tout-à-fait différents. Leurs tissus déliés, leurs couleurs brillantes, les parfums qu'ils exhalent, nous rendraient leur origine entièrement méconnaissable, si nous ne pouvions surprendre la nature dans quelques cas extraordinaires.

42°. C'est ainsi, par exemple, qu'on rencontre dans le calice de quelques œillets un second calice, souvent entièrement vert, qui ressemble à un calice monophyle, mais dont les bords lacérés, plus délicats et colorés, font voir les commencemens d'une corolle, et nous sommes obligés de reconnaître l'affinité de la corolle avec le calice.

43°. L'affinité de la corolle avec les feuilles de la tige, se démontre aussi de plusieurs manières: car nous trouvons dans divers végétaux des feuilles plus ou moins colorées, placées beaucoup plus bas que l'inflorescence, et d'autres qui sont entièrement colorées dans le voisinage des fleurs. (1)

44°. Il arrive souvent aussi que la nature saute, pour ainsi dire, le calice, pour arriver immédiatement à la formation de la corolle, et, dans ces cas, nous voyons également les feuilles de la tige passer à l'état des pétales. Ainsi, dans les tulipes, on voit souvent sur la tige des feuilles presqu'entièrement colorées, et qui diffèrent à peine des pétales. Cette transformation est bien plus évidente encore lorsque cette feuille est moitié verte, et fixée à la tige, tandis que son autre moitié colorée s'élève avec les pétales, et rivalise d'éclat avec eux.

45°. Il est probable que la couleur et l'odeur

(1) Exemples, *Hortensia*, plusieurs Sauges, la *Sauge Hormin*, la *Sauge Splendide*. (NOTE du TR.)

des pétales sont dues à la présence de la matière pollinique ou de la semence mâle. Probablement aussi elle ne s'y trouve pas dans un état de sécrétion parfaitement mélangée et délayée avec d'autres sucs, et les belles apparences des couleurs nous conduisent à penser que la matière qui remplit le tissu des feuilles est déjà très pure, mais qu'elle n'a pas encore atteint le degré de pureté auquel elle est parvenue quand l'organe est blanc.

CHAPITRE VI.

FORMATION DES ÉTAMINES.

46°. La présence de la semence mâle dans les pétales, devient d'autant plus vraisemblable, si l'on se rappelle la grande analogie des pétales avec les étamines ; si l'affinité de toutes les autres parties latérales entre elles, était aussi évidente et aussi généralement admise, le présent essai pourraît paraître superflu.

47°. Dans certain cas, la nature nous montre graduellement la transmutation des pétales en étamines : par exemple, dans le *Canna* et dans plusieurs plantes de cette famille. Un pétale véritable, et dont la forme n'est que faiblement altérée, se rétrécit à son extrémité supérieure, et devient une anthère à laquelle la partie inférieure du pétale sert de fil.

48°. Les fleurs qui doublent fréquemment nous montrent tous les degrés de cette transformation. Dans plusieurs espèces de roses, on trouve entre les pétales ordinaires des fleurs demi-doubles, d'autres pétales dont les bords ou le milieu sont rétrécis; ce rétrécissement est déterminé par un petit boursoufflement qui ressemble plus ou moins à une anthère, et le pétale se rapproche d'autant de la forme des étamines. (1) Dans quelques pavots à fleurs doubles, des anthères parfaitement conformées sont attachées sur des pétales très peu déformés; dans d'autres, certains boursoufflemens analogues aux anthères rétrécissent les bords des pétales.

49°. Lorsque toutes les étamines se changent en pétales, les fleurs deviennent stériles; mais si quelques étamines se forment malgré que la fleur ait doublé, la fécondation aura également lieu.

50°. Ainsi, l'étamine se forme lorsque l'organe que nous venons de voir sous la forme de pétale et dans son état d'épanouissement et de dilatation, se rétrécit, se contracte, prend une apparence beaucoup plus délicate et plus fine. L'observation que nous avons déjà précédemment faite, se confirme de nouveau, et nous rend d'autant plus attentifs à cette alternative de dilatation et de contraction, que la nature emploie comme un moyen d'atteindre son but final.

(1) DC. Organ. Végét. t. XXXIII, fig. 4, 5, 6, 7.
(NOTE DU TRAD.)

CHAPITRE VII.

NECTAIRES.

51°. Quelque brusque que soit dans plusieurs végétaux le passage des pétales à l'état d'étamines, nous observons néanmoins que la nature ne peut pas toujours franchir d'un seul saut cette grande distance : souvent elle produit des organes intermédiaires qui, sous le rapport de leur forme et de leurs fonctions, se rapprochent tantôt des unes, tantôt des autres; quoique leur forme soit très diverse, on peut néanmoins les ramener pour la plupart à la même idée fondamentale, savoir que ces organes sont des passages lents et graduels des feuilles du calice aux étamines.

52°. La plupart des différents organes que Linné a désignés sous le nom de Nectaires, rentrent dans cette définition générale : nous trouvons encore ici une nouvelle occasion d'admirer la sagacité de l'homme extraordinaire, qui, sans se former une idée bien distincte de ces parties de la fleur, se confia dans une sorte de prévision, et osa ranger sous une même dénomination des organes en apparence très divers.

53°. Plusieurs pétales montrent déjà leur analogie avec les étamines, par des glandes qui n'altèrent point leur forme, et qui sécrètent ordinairement un suc mielleux (1). Nous pouvons présumer, d'après ce qui a été observé plus haut, que ce suc est la matière fécondante imparfaite et imparfaitement déterminée; cette présomption recevra plus bas un nouveau degré de vraisemblance.

54°. Dans cet état, les nectaires se montrent comme distincts; mais leur forme se rapproche tantôt des pétales, tantôt des étamines. Les treize filets des nectaires du *Parnassia*, terminés par autant de globules rougeâtres, ressemblent beaucoup aux étamines (2). D'autres ressemblent à ces filets sans anthères, comme dans le *Valisneria*, le *Fevillea;* dans le *Pentapetes*, ils sont rangés en cercle, alternent régulièrement avec les étamines, et ont une forme légèrement pétaloïde. On les désigne dans le système sous le nom de *filamenta castrata petaliformia*. Nous retrouvons ces mêmes

(1) Les pétales des renoncules (NOTE DU TRAD.)

(2) Mirbel, Élem. pl. LXII, fig. 5 A et B. (NOTE DU TR.)

formations équivoques dans le *Kiggellaria* (1) et dans la Fleur de la Passion (*Passiflora*).

55°. Les soi-disantes *paracorolles* ou corolles intérieures, nous paraissent mériter le nom de nectaires, dans le sens que nous y avons attaché : car si les pétales sont formés par la dilatation de l'organe, les corolles intérieures, de même que les étamines, sont formées au contraire par contraction du même organe; c'est ainsi que, dans des corolles très épanouies, nous trouvons une corolle intérieure, plus resserrée, par exemple, dans les *Narcisses* (2), le *Nerium*, l'*Agrostemma*.

56°. Nous voyons encore dans différents genres d'autres altérations plus frappantes dans la forme des parties de la corolle. Les pétales de plusieurs fleurs portent à leur base interne une cavité mellifère ; dans d'autres, cette cavité se prolonge et se change en un éperon postérieur, qui modifie plus ou moins la forme du pétale. Ce phénomène se voit dans plusieurs variétés d'ancolies.

57°. Cet organe se trouve modifié au plus haut degré dans les Aconits et les Nigelles, où cepen-

(1) Mirbel, Élém. pl. xxx, fig. 19. (Note du Trad.)

(2) La couronne des Narcisses doit son origine à un *dédoublement* des pétales, et non pas à la naissance d'un second verticille : car les lobes de la corolle sont *opposés* aux pétales, et non alternes. (Note du Trad.)

dant on peut avec quelque attention reconnaître leur analogie avec les pétales. Dans les Nigelles surtout, ils reviennent souvent à la forme pétaloïde, et la fleur devient double par la transformation des nectaires. Dans les Aconits, on reconnaît facilement la ressemblance des nectaires avec le pétale voûté qui les recouvre. (1)

58°. Puisque nous avons dit plus haut que les nectaires sont analogues aux pétales et aux étamines, il nous sera permis d'en tirer quelques observations, relatives à l'irrégularité de certaines fleurs. Ainsi, par exemple, on pourra regarder dans le *melianthus* le premier verticille, composé de cinq parties, comme une véritable corolle, et les cinq parties du second verticille comme une couronne accessoire, composée de six nectaires, dont l'un, le supérieur, se rapproche beaucoup de la forme des pétales, et dont l'inférieur, qu'on nomme déjà nectaire, s'en éloigne le plus. C'est dans le même sens qu'on pourrait nommer nectaire la carène des papilionacées, parce que, cachée sous les pétales extérieurs, elle se rapproche davantage de la forme des étamines, et s'éloigne au contraire beaucoup de la forme des étendards (*vexilli*). Nous expliquerons de la même manière

(1) Seringe, Monogr. des Aconits. (Note du Tr.)

l'extrémité frangée des pétales du *Polygala* soudés en carène, et nous pourrons ainsi nous rendre compte de la destination de ces parties.

59°. Il serait superflu de prévenir ici que l'objet de ces observations n'est point de replonger dans le désordre ce qui a été classé et séparé par les soins des observateurs; on n'a d'autre but dans cet essai que de faire mieux comprendre les altérations de formes qui se présentent dans les végétaux.

CHAPITRE VIII.

QUELQUES OBSERVATIONS

DE PLUS

SUR LES ÉTAMINES.

60°. Des observations microscopiques ont mis hors de doute que les organes sexuels des végétaux sont produits par les vaisseaux spiraux, comme les autres parties. Nous en tirons un argument en faveur de l'identité de structure intérieure des différentes parties des plantes, qui nous ont apparu jusqu'ici sous des formes si diversifiées.

61°. En admettant que les vaisseaux spiraux sont placés au centre des paquets de vaisseaux lymphatiques, et qu'ils en sont entourés, on pourra se représenter en quelque sorte cette forte contraction, en admettant que ces vaisseaux spiraux, que nous nous figurons semblables à des ressorts très élastiques, sont arrivés au plus haut degré de tension, de manière que cette force prédominante empêche l'épanouissement des vaisseaux lymphatiques, qui leur deviennent ainsi subordonnés.

62°. Les vaisseaux lymphatiques dont les faisceaux sont ainsi contractés, n'ont plus la liberté de s'étendre, de se chercher, ni de former des réseaux délicats, par leurs nombreuses anastomoses ; les vaisseaux tubulés qui remplissaient les interstices du réseau, ne peuvent plus se développer au degré qui est nécessaire à la formation des feuilles de la tige, du calice et de la corolle, qui était due à l'épanouissement de ces vaisseaux, et il ne se forme qu'un simple et faible filet.

63°. Les fines membranes des lobes de l'anthère, dans l'intérieur desquels les vaisseaux les plus déliés viennent se terminer, peuvent à peine se former, et si nous admettons maintenant que ces mêmes vaisseaux, qui ailleurs s'épanouissaient et s'anastomosaient, se trouvent dans un haut degré de contraction ; si nous les voyons sécréter une poussière fécondante, éminemment organisée, qui, par sa subtilité et sa légèreté, compense le manque d'extension des vaisseaux qui l'ont sécrétée ; si nous voyons encore cette poussière devenue absolument libre, chercher les organes féminins que la nature a formés dans leur voisinage, s'y attacher, et leur transmettre son action fécondante, nous ne serons pas très éloignés de reconnaître dans l'union des deux sexes une sorte d'anastomose aérienne, et nous pourrons nous flatter, au moins pour un moment, d'avoir rapproché la distance entre les idées que nous nous formons de la végétation et de la fécondation.

64°. La matière très fine qui est sécrétée dans l'anthère, nous apparaît comme une poussière; mais ces globules de poussière sont des cellules qui renferment un fluide subtil. Nous partageons donc l'opinion de ceux qui pensent que ce fluide pollinique est absorbé par les pistils auxquels le pollen s'attache, et que c'est ainsi que la fécondation s'opère. Ceci paraît d'autant plus vraisemblable que quelques plantes ne sécrètent point de poussière, mais un simple fluide.

65°. Nous devons nous rappeler ici du fluide melliforme des nectaires, et de son analogie vraisemblable avec le fluide plus subtil du pollen. Peut-être les nectaires sont-ils des organes préparatoires dont les sucs sont ensuite absorbés par les étamines, où ils sont définitivement élaborés: cette opinion deviendra plus probable en observant que ce suc mellifère disparaît après la fécondation.

66°. Nous ajouterons ici en passant que les

filets, aussi-bien que les anthères, se soudent entre eux de diverses manières, et nous offrent des exemples singuliers de l'anastomose et de la soudure de parties originairement distinctes.

CHAPITRE IX.

FORMATION DU PISTIL.

67°. Nous étant efforcés jusqu'ici de rendre aussi évidente que possible l'identité intérieure des diverses parties qui se développent successivement sur la plante, malgré la diversité de leurs formes apparentes, on présume sans doute que notre intention est aussi d'éclaircir de la même manière la structure des organes féminins.

68°. Nous examinerons d'abord le style séparément, d'autant plus que dans la nature nous le trouvons souvent distinct du fruit, et qu'il en diffère dans sa forme.

69°. Nous observerons que le style se trouve au même degré de l'échelle de la végétation que les étamines. Nous avons vu que les étamines sont produites par une contraction : les styles sont souvent dans le même cas; et, quoiqu'ils ne soient pas toujours de la même longueur, cependant ils en approchent ordinairement. Souvent le style ressemble à un filet d'étamine sans anthère, et l'analogie de leur structure est plus grande que dans les autres parties. Comme l'un et l'autre sont formés par des vaisseaux spiraux, nous voyons d'autant plus clairement que les étamines, non plus que les styles, ne sont point des organes distincts. Cette analogie du style avec les organes mâles, nous étant devenue plus familière, nous ne répugnons plus autant à appeler la fécondation une anastomose, et nous trouverons cette expression moins impropre et plus lumineuse.

70°. Nous voyons fréquemment que le style est composé de plusieurs styles particuliers, soudés en un seul corps, et le nombre des parties dont il se compose se reconnaît à peine au sommet, où elles ne sont pas même toujours distinctes. Cette soudure dont nous avons déjà remarqué les effets, devient ici très facile; elle est même nécessaire, parce que ces parties déliées, resserrées dans le centre de la fleur avant leur entier développement, sont forcées de s'unir étroitement entre elles.

71°. La grande analogie du pistil avec les autres parties qui composent la fleur, nous est plus ou moins démontrée dans plusieurs cas réguliers. Ainsi, par exemple, chaque style de l'iris, avec son stygmate, a tout-à-fait la forme d'un pétale. La couleur verte du stygmate du *Saracenia*, quoiqu'il soit moins distinctement formé de plusieurs feuillets, décèle cependant son origine, et si nous nous aidons d'un microscope, nous verrons que plusieurs stygmates, tels que ceux des *Crocus*, du *Zanichellia*, sont absolument formés comme un calice polyphylle.

72°. La nature, en rétrogradant, nous montre souvent des pistils qui ont dégénéré en pétales; ainsi, par exemple, la Renoncule des jardins (*Ranunculus asiaticus*) double parce que les pistils se changent en véritables pétales, tandis que les étamines se trouvent souvent dans leur état naturel, derrière cette nouvelle corolle. D'autres exemples remarquables seront rapportés plus bas.

73°. Nous renouvelons ici notre observation précédente, savoir que les étamines et les styles sont placés à la même hauteur sur l'échelle de la végétation, ce qui confirme l'alternative d'épanouissement et de contraction organique qui forme cette échelle; ainsi, nous avons remarqué depuis le développement de l'embryon, jusqu'au développement complet des feuilles de la tige, un premier épanouissement; puis le calice a été produit par une contraction; ensuite les pétales ont été le résultat d'un autre épanouissement, et les parties sexuelles d'une seconde contraction; nous allons trouver maintenant dans le fruit le maximum de la dilatation, et le maximum de la contraction dans la graine. Dans ces six périodes alternatives d'expansion et de contraction, qui se succèdent sans interruption, la nature accomplit dans les végétaux l'œuvre de la reproduction de l'espèce par le concours des deux sexes.

CHAPITRE X.

DES FRUITS.

74°. Il nous reste maintenant à examiner les fruits, et nous allons nous convaincre qu'ils ont la même origine, et sont soumis aux mêmes lois. Nous parlons ici des réceptacles formés par la nature pour renfermer les graines, ou plutôt pour protéger dans leur intérieur le développement d'un nombre plus ou moins grand de semences fécondées. Un petit nombre d'observations suffiront pour expliquer la nature et l'organisation de ces réceptacles par les mêmes lois qui nous aident à concevoir les parties qui nous ont occupés jusqu'ici.

75°. La métamorphose descendante va nous mettre encore sur la voie. Dans les œillets, par exemple, si recherchés à cause de leur facilité à doubler, on voit souvent la silique qui renferme les graines, dégénérer en feuillets analogues au calice, et alors le style devient d'autant plus court; il est même des œillets où la silique s'est entièrement transformée en un calice, dont les divisions conservent encore à leur sommet les rudimens du style et du stygmate, lesquels, au lieu de renfermer des graines, entourent une nouvelle corolle plus ou moins irrégulière.

76°. Dans certains cas, la nature nous montre même des exemples de la grande fécondité qui existe virtuellement dans les feuilles. C'est ainsi que, dans la feuille du tilleul, nous voyons le pédoncule sortir de la nervure moyenne, lequel porte une fleur complète avec son fruit. (1) La manière dont la fleur du *Ruscus* est attachée à la feuille est encore plus remarquable.

77°. Cette grande fécondité de la feuille se manifeste à un degré immense dans les fougères, qui, par une force productive intérieure, et peut-être sans le concours déterminé des deux sexes, développent et répandent au loin un nombre infini de semences ou germes; chaque feuille rivalise ainsi de fécondité avec l'arbre le plus étendu et le plus chargé de fruits.

78°. En conservant cette observation présente à notre esprit, et malgré la grande diversité que présentent la composition et le mode d'adhérence des parties des fruits, nous ne pourrons mécon-

(1) Cet exemple est mal choisi : le pédoncule du tilleul est soudé avec la côte moyenne de la feuille. Voyez l'exemple du *Bryophyllum calicinum* cité par M. de Candolle, Organ. p. 271, t. 22, f. 2. (Note du Trad.)

naître l'analogie des réceptacles des graines avec les feuilles. C'est ainsi, par exemple, que la gousse des légumineuses ne sera qu'une feuille simple, ployée en deux, et soudée par ses bords; les fruits capsulaires seront composés de plusieurs feuilles verticillées autour d'un point central, dont les faces intérieures sont appliquées les unes contre les autres, et dont les bords sont soudés entre eux. Nous pouvons nous en convaincre par nos propres yeux lorsque ces capsules s'ouvrent à leur maturité; chacune des parties qui la composent se présente alors à nous comme un légume, ou comme une feuille ployée. Souvent nous voyons dans les différentes espèces d'un même genre, cette adhérence se former régulièrement; par exemple, les fruits capsulaires du *Nigella orientalis* (1) sont formés de follicules à demi-soudés entre eux, et réunis autour d'un axe, tandis que dans la Nigelle de Damas (*Nigella damascena* (2), ils sont complétement soudés.

79°. Cette analogie des parties du fruit avec les feuilles est plus évidente dans les fruits secs et capsulaires que dans quelques fruits charnus; mais elle ne nous échappera nulle part, si nous la suivons dans toutes les transitions qu'offrent

(1) Sims. Bot. mag. t. 1264. (NOTE DU TRAD.)

(2) Curtis. Bot. mag. t. 22. (NOTE DU TRAD.)

la grande diversité des fruits; il suffit pour le moment d'avoir donné une idée générale de leur nature, et de l'avoir étayée de quelques exemples.

80°. L'affinité des fruits capsulaires est encore dévoilée par la présence constante du stigmate, dont l'analogie avec les pétales a été signalée plus haut: nous trouvons un nouvel exemple de cette analogie dans les pavots à fleurs doubles, où les stigmates des capsules se transforment en lames pétaloïdes et colorées, tout-à-fait semblables aux pétales.

81°. Le dernier et le plus grand épanouissement que subit l'organe originel de la plante pendant son évolution, se manifeste dans le fruit; sa fertilité intérieure et son volume sont souvent considérables. Comme l'accroissement du fruit n'a lieu ordinairement qu'après la fécondation, il paraîtrait que la semence fécondée, attirant les sucs nourriciers de la plante, détermine leur cours principal vers le fruit, qui grossit, se dilate et se gonfle au plus haut degré. On peut déjà conclure de ce qui a été dit plus haut, que des fluides aériformes plus purs y contribuent essentiellement, et l'air pur qui a été trouvé dans les gousses gonflées du Baguenaudier (*Colutea arborescens*), confirme cette conclusion.

CHAPITRE XI.

DES ENVELOPPES PROPRES DE LA GRAINE.

82°. La semence, au contraire, est portée au plus haut point de concentration et d'organisation intérieure. Plusieurs graines nous laissent voir que la semence se revêt par une force attractive qui lui est propre, de feuilles qu'elle transforme en tégumens séminaux, de telle sorte que peu à peu leur forme est entièrement méconnaissable. Après avoir reconnu qu'une seule feuille peut produire dans son intérieur, et envelopper plusieurs semences, il nous sera facile de concevoir qu'un seul embryon puisse s'envelopper d'une feuille.

83°. Dans les fruits ailés ou samares des érables, du frêne, de l'ormeau, nous trouvons une feuille qui n'est qu'incomplétement adaptée à la semence. Le souci nous présente, dans les différents cercles des graines de son capitule, une série de formes qui nous apprend comment l'embryon attire, contracte et s'adapte graduellement une enveloppe lâche. Dans le cercle le plus extérieur, l'enveloppe de la semence conserve encore quelque ressemblance avec les folioles de l'involucre, elle est simplement courbée par suite de la pression de l'ovule sur la côte moyenne ; une membrane longitudinale revêt cette courbure du côté intérieur. Le second rang est déjà plus modifié, la bractée et la membrane intérieure se sont rétrécies, la forme en est plus allongée ; la protubérance de l'ovule est plus saillante, les tubercules sont plus marqués ; mais ces deux rangées sont le plus souvent stériles. Le troisième rang est composé de graines fécondes, qui ont pris leur véritable forme ; elles sont fortement courbées et enveloppées d'un péricarpe qui, malgré ses inégalités, s'applique exactement à la graine. — Nous voyons donc ici qu'il s'opère une nouvelle contraction des parties, qui étaient d'abord plus dilatées et plus foliacées, par un effet de la force attractive que la semence exerce sur la feuille péricarpique. C'est de la même manière que nous avons déjà vu le pétale contracté par la force attractive de l'anthère.

CHAPITRE XII.

RÉCAPITULATION.

84°. En suivant la nature pas à pas, nous avons pour ainsi dire assisté à tous les degrés de transformation que la plante subit dès la germination de son embryon, jusqu'à la formation d'un embryon nouveau, et nous avons cherché sans préjugés à reconnaître les forces élémentaires dont la nature se sert pour opérer la métamorphose graduelle d'un seul et même organe. Afin de ne point rompre le fil dont nous avions saisi le bout, nous avons dû considérer la plante comme annuelle; nous n'avons considéré que la transformation des feuilles des nœuds de l'axe principal, et nous en avons déduit toutes les formes. Mais, afin de compléter cet essai, il devient nécessaire d'examiner les bourgeons cachés à l'aisselle de chaque feuille, lesquels semblent tantôt se développer, tantôt disparaître tout-à-fait.

CHAPITRE XIII.

DES BOURGEONS OU GEMMES,

ET DE LEUR DÉVELOPPEMENT.

85°. Chaque nœud est doué par la nature de la faculté de produire un ou plusieurs bourgeons; ces bourgeons naissent toujours à la proximité des feuilles, qui les protégent et qui paraissent déterminer leur développement.

86°. Dans le développement successif d'un nœud après l'autre, dans l'évolution d'une feuille à chaque nœud, et dans la production d'un bourgeon dans son voisinage, réside la propagation simple et progressive des végétaux.

87°. On a déjà reconnu la grande analogie qui existe entre un bourgeon et une graine, et que dans celui-là on peut plus facilement encore que dans celui-ci, reconnaître le rudiment d'une plante future.

88°. Quoique le bourgeon ne présente point les rudimens d'une racine, cependant elle y existe aussi-bien que dans l'embryon de la semence, et se développe même promptement, surtout par l'influence de l'humidité.

89°. Le bourgeon n'a pas besoin de cotylédons, parce qu'il est attaché sur la plante mère, qui est entièrement organisée, et aussi long-temps qu'il y demeure attaché, où, lorsqu'il est transporté (par la greffe) sur un autre individu, il en tire une nourriture suffisante, ou la pompe par des racines qui se développent promptement lorsque le rameau est placé en terre.

90°. Le bourgeon est composé d'un nombre de nœuds et de feuilles plus ou moins développés, qui sont prêts à croître et à s'étendre. Ainsi, les rameaux qui sortent des nœuds de la tige principale peuvent être considérés comme de nouveaux individus fixés sur la tige mère, comme celle-ci est fixée à la terre.

91°. La comparaison et la distinction de ces deux systèmes d'organes a déjà été faite : et particulièrement en dernier lieu, avec autant de sagacité que de connaissances, par Gaertner (1), de manière qu'il nous suffit d'adhérer entièrement à ses principes.

92°. Nous n'en dirons pas davantage sur ce sujet, d'autant moins que, dans les végétaux par-

(1) Gaertner, de fruct et sem. pl. cap. 1.

faits, la nature sépare distinctement la semence (ou l'embryon séminal) du bourgeon (ou embryon fixe). Mais si nous descendons de là vers les végétaux moins parfaits, la différence entre ces deux systèmes de reproduction se perd entièrement, et devient impossible à distinguer, même pour l'observateur le plus exercé. — On y trouve des graines qui sont indubitablement des graines, des germes qui sont indubitablement des germes; mais le point où les embryons séminaux, résultats de la fécondation des sexes, et les germes nés de la plante mère, et qui s'en détachent par des causes occultes, se confondent, peut bien se concevoir par la pensée; mais il est imperceptible à nos sens.

93°. Nous pouvons en conclure que les embryons séminaux qui se distinguent des bourgeons par leurs enveloppes, et des germes par la perceptibilité des causes qui amène leur formation et leur séparation, ont certainement une grande affinité, soit avec les uns, soit avec les autres.

CHAPITRE XIV.

FORMATION

DES INFLORESCENCES COMPOSÉES ET DES FRUITS COMPOSÉS.

94°. Jusqu'ici, nous ne nous sommes attachés qu'à expliquer comment les fleurs solitaires et les fruits capsulaires simples se forment par la métamorphose des feuilles caulinaires, et nous avons vu que dans ces cas-là, non-seulement il ne se développe plus de bourgeons axillaires, mais que leur développement devient même impossible. Pour concevoir au contraire comment se forment les inflorescences composées et les fruits multiples, réunis autour d'un axe ou sur un réceptacle commun, nous devons appeler à notre aide le développement des bourgeons.

95°. Nous voyons fréquemment que la tige, sans tarder davantage, produit déjà des fleurs de l'aisselle de ses nœuds inférieurs, et continue ainsi sans interruption jusqu'à l'extrémité des tiges. Ce phénomène est néanmoins susceptible d'être éclairci par les théories que nous avons exposées. Toutes les fleurs qui se développent ainsi du bourgeon, doivent être considérées comme appartenant à une plante nouvelle, attachée sur la plante mère comme celle-ci est attachée à la terre. Comme il tire du nœud dont il sort une sève très élaborée, les premières feuilles que développe ce nouvel individu, sont déjà plus finement tissues que celles qui suivent immédiatement les cotylédons de la plante mère, et la formation d'un calice et d'une fleur devient même immédiatement possible.

96°. Ces mêmes inflorescences, nées de bourgeons axillaires, seraient devenues des branches feuillées si elles avaient reçu une nourriture plus abondante, et auraient subi le même sort que la tige primitive, si elles s'étaient trouvées sous l'influence des mêmes circonstances.

97°. Lorsque les fleurs naissent ainsi latéralement de nœud en nœud, nous remarquons que les feuilles de ces nœuds florifères subissent des modifications analogues à celles que nous avons observées dans la transformation graduelle des feuilles calicinales. Elles se contractent graduellement, et finissent même par disparaître tout-à-fait. Dans cet état, on les nomme bractées, parce que leur forme diffère plus ou moins de celle des feuilles. La tige diminue de grosseur dans la même proportion; les nœuds se rapprochent, et tous les phénomènes que nous avons signalés s'accomplissent. Cependant, dans ce cas, la tige primitive ne se termine point par une fleur, parce que la nature a déjà exercé ses droits dans les bourgeons latéraux.

98°. Si nous réfléchissons à la composition de ces inflorescences latérales, nous concevronsbientôt comment se forme une inflorescence ou une fleur composée, surtout si nous nous rappelons la manière dont se forme le calice.

99°. Nous avons vu que le calice est formé par la réunion de plusieurs feuilles autour d'un même plan transversal de l'axe. La nature exerce la même faculté en produisant simultanément tous les nœuds d'un axe indéfini avec tous leurs bourgeons axillaires transformés en fleurs, et aussi rapprochés les uns des autres qu'il est possible. Chacune de ces fleurs féconde l'ovaire qui se trouve déjà formé au-dessous d'elle. Malgré cette prodigieuse contraction, les feuilles des nœuds ne disparaissent pas toujours; dans les chardons, la feuille, réduite à une paillette, accompagne fidèlement chaque fleuron qui s'est développé à l'état de fleur. Qu'on compare avec ce paragraphe la forme du *Dipsacus lacinitatus*.

Dans plusieurs graminées, la fleur est ainsi accompagnée d'une feuille qu'on nomme la Glume.

100°. De cette manière, nous pourrons concevoir comment les graines, développées dans une inflorescence composée, sont de véritables bourgeons développés à l'état de fleurs, et fécondés par le concours des deux sexes. En saisissant bien cette idée, et en comparant ensuite plusieurs espèces de végétaux, leur mode de développement et leur inflorescence, nous demeurerons convaincus par nos propres yeux.

101°. Il ne nous sera pas difficile non plus de concevoir l'agrégation de plusieurs fruits, soit au centre de la même fleur, soit autour d'un même axe: car il est absolument indifférent qu'une fleur unique entoure un fruit multiple, et que les styles, soudés entre eux, absorbent le fluide fécondant des anthères pour le porter aux semences, ou que chaque semence soit enveloppée de son propre pistil et environnée de ses propres anthères et de sa propre corolle.

102°. Nous sommes persuadés qu'il n'est pas difficile, avec quelque habitude, de s'expliquer de cette manière les formes les plus compliquées des fruits et des fleurs; mais il faut, pour y réussir, savoir faire à propos l'application des principes de contraction et de dilatation, de concentration et d'anastomose que nous avons établis plus haut. Comme il est important d'examiner par quels degrés variés la nature arrive à la formation des genres, des espèces, et même des variétés, et de comparer ces degrés entre eux, une série de figures qui montrerait ces divers passages serait très utile, ainsi qu'une application méthodique des termes botaniques aux diverses parties des végétaux, selon les idées que nous venons de développer.

CHAPITRE XV.

ROSES PROLIFÈRES.

103°. Tout ce que nous avons tenté de nous expliquer et de nous représenter jusqu'ici par la pensée et au moyen des analogies, se montre très clairement à nos yeux dans une rose prolifère. Le calice et la corolle sont développés et rangés autour de l'axe; mais le milieu de la fleur, au lieu d'être occupé par le fruit, se trouve contracté et traversé par la tige, qui, moitié rougeâtre, moitié verdâtre, se prolonge et est garnie de petits pétales informes, dont quelques-uns portent la trace des anthères, qui se développent successivement tout autour. Cette tige continue à s'allonger; on y voit reparaître des aiguillons; les petites feuilles colorées deviennent graduellement plus grandes, et finissent par se transformer en feuilles caulinaires, et il se développe une suite de nœuds qui produisent de nouveaux boutons de rose.

104°. Cet exemple nous prouve visiblement aussi ce que nous avons avancé plus haut, savoir que les calices ne sont que des feuilles florales soudées : car ici le calice est formé de cinq feuilles, composées chacune de trois à cinq folioles, régulièrement verticillées autour de l'axe, et absolument semblables à celles des rameaux ordinaires.

CHAPITRE XVI.

ŒILLETS PROLIFÈRES.

105°. Après avoir observé ce phénomène dans les roses, il nous paraîtra encore plus remarquable dans les œillets prolifères (1). Nous y voyons une fleur complète, pourvue d'un calice, d'une corolle double, et même des rudimens d'une capsule; sur les côtés de la corolle se développent quatre nouvelles fleurs complètes, qui sont séparées de la fleur mère par une tige portant deux ou plusieurs entrenœuds; ces nouvelles fleurs ont également leur calice, leur corolle; mais cette corolle se compose souvent de plusieurs corolles concentriques, dont les pétales sont leurs filets soudés, ou bien de fascicules de pétales réunis autour d'un axe comme des rameaux très courts: malgré ce prodigieux développement, on y trouve quelqnefois des étamines et des anthères.

106°. Dans le phénomène de la rose prolifère, nous avons vu que la formation de la fleur était

(1) Dianthus prolifer Aeder fl. Dan. t. 221. (Note du Trad.)

en quelque sorte imparfaite, puisqu'au lieu de former le fruit, l'axe se prolonge en une tige feuillée. Dans cet œillet prolifère, nous voyons que la formation de la fleur est complète: nous y avons retrouvé le calice, la corolle et le fruit au centre; mais, dans l'intérieur de cette corolle, il s'est développé des bourgeons, ou de véritables rameaux florifères; ainsi, dans les deux cas, nous trouvons la preuve que l'accroissement de la tige se termine ordinairement dans la fleur, que la nature fait en quelque sorte dans la fleur le sommaire de ses forces, et met un terme à son développement graduel et indéfini afin d'arriver plus promptement à son but final, qui est la formation de la semence.

CHAPITRE XVII.

THÉORIE DE LINNÉ

SUR L'ANTICIPATION (prolepsis).

107°. Si j'ai bronché dans cette route que l'un de mes prédécesseurs (1) a signalée comme semée de difficultés et de périls, quoiqu'il l'ait parcourue à la main de son illustre maître ; si je ne l'ai pas entièrement débarrassée de tous les obstacles, je me flatte cependant de ne l'avoir pas parcourue inutilement, et de l'avoir aplanie à mes successeurs.

108°. C'est ici qu'il convient de se ressouvenir de la théorie que Linné avait donnée pour expliquer ces phénomènes. Les phénomènes qui ont provoqué le présent essai, n'avaient pu échapper à son profond coup d'œil, et si nous pouvons avancer au-delà du point où il s'est arrêté, nous

(1) Ferber, in præfatione Dissertationis secundæ de Prolepsis Plantarum. (NOTE DE L'AUT.)

en sommes redevables aux efforts et aux observations réunis d'un grand nombre d'observateurs et de penseurs, qui ont élagué plusieurs difficultés, et dissipé bien des préjugés nuisibles. Une comparaison de sa théorie et de ce que nous avons dit ici nous arrêterait trop long-temps. Nous nous bornerons à examiner brièvement ce qui l'a empêché d'arriver au but.

109°. Il fit d'abord ses observations sur les arbres, ces végétaux composés et de longue durée. Il observa qu'un arbuste, planté dans un grand vase, et abondamment nourri, poussait branche sur branche pendant plusieurs années, tandis que, renfermé dans un plus petit vase, il produisait promptement des fleurs et des fruits. Il vit que le développement qui, là, était progressif, devenait ici brusque et simultané. C'est pour cela qu'il nomma ce phénomène une anticipation (*prolepsis*), parce que la nature semblait anticiper sur les six années en faisant dans une seule les six pas que nous avons distingués plus haut. Aussi sa théorie s'appliquait-elle principalement aux bourgeons des arbres, et il ne s'attacha point aux végétaux annuels, parce qu'il s'aperçut que ces plantes contrariaient ses idées. Et, en effet, d'après son principe, il faudrait admettre que toute plante annuelle aurait primitivement été destinée par la nature à croître pendant six années, mais qu'elle anticipe sur ce temps en produisant des fleurs et des fruits, et qu'elle périt ensuite.

110°. Nous avons suivi une marche contraire en examinant premièrement l'accroissement des plantes annuelles, parce qu'alors il devient plus facile d'en saisir le principe dans les végétaux de longue durée : car le bourgeon qui s'épanouit sur l'arbre le plus vieux doit être considéré comme une plante annuelle, malgré qu'il se développe sur un vieux tronc, et que lui-même soit destiné à vivre plusieurs années.

111°. La seconde raison qui empêcha Linné de pénétrer plus avant, fut d'avoir considéré les différentes couches concentriques du corps de la plante, savoir l'écorce, le liber, le bois, la moëlle, comme des parties organisées au même degré, également actives et douées d'une vitalité et d'une importance semblable ; d'attribuer à ces différentes couches de la tige l'origine des diverses parties de la fleur et du fruit, par la seule raison que celles-ci, tout comme celles-là, sont enveloppées les unes par les autres ; mais cette observation n'était que superficielle, et lorsqu'on l'approfondit, elle ne se confirme point. Ainsi l'écorce des végétaux n'est nullement productive, et dans les arbres elle devient à l'extérieur un corps dur et inerte tout comme le bois à l'intérieur. Dans plusieurs espèces d'arbres, elle tombe; dans d'autres, on peut l'enlever sans lui causer le moindre dommage; elle ne saurait donc produire un calice ou toute autre partie vivante de la plante. C'est la couche corticale intérieure ou le liber qui renferme toute la puissance vitale et productive du végétal; si cette couche est altérée, sa croissance en sera troublée au même degré: c'est elle qui produit graduellement les diverses parties latérales de la tige, ou simultanément la fleur et le fruit. Linné ne lui a attribué que la faculté subordonnée de produire la corolle. Il attribua au contraire au bois la production essentielle des organes mâles ou étamines; quoiqu'il soit aisé de voir que le bois n'est qu'un corps qui, quoique durable, est arrivé à l'état d'inertie par la solidification de ses parties, et se trouve privé de toute force vitale. La moëlle enfin remplirait selon lui les fonctions les plus importantes, elle produirait les organes femelles et une postérité nombreuse. Les doutes qu'on a élevés sur cette importance de la moëlle, les raisons qu'on y a opposées, me paraissent aussi graves que décisives. Ce n'était qu'en apparence que le pistil et le fruit paraissaient un produit de la moëlle, et uniquement parce que ces organes, lorsque nous les examinons dans leur jeunesse, se présentent à nous dans un état de mollesse et de cellulosité parenchymateuse analogue à celui de la moëlle, et qu'ils occupent le centre de la fleur comme la moëlle occupe le centre de la tige.

CHAPITRE XVIII.

RÉSUMÉ.

112°. Je souhaite que cet essai, destiné à éclairer la métamorphose des plantes, contribue à résoudre quelques questions douteuses, et donne lieu à des observations et à des conclusions plus précises. Les observations sur lesquelles reposent cet essai, ont déjà été réunies et mises en ordre dans un autre ouvrage. (1) Nous allons récapituler brièvement les principaux résultats de cet essai; et la question de savoir si la tentative que nous venons de faire approche de la vérité, sera promptement décidée.

113°. Si nous observons un végétal manifestant ses forces vitales, nous remarquons que ces forces sont de deux sortes, la *force végétative*, qui se manifeste par la production des feuilles et l'allongement des tiges, et la *force reproductive*, qui se manifeste et s'accomplit par la production des

(1) Batsch Anleit. z. Kent. u. Gesch. der Pfl. 1. Th. 19. Cap. (Note de l'Aut.)

organes fécondants et des graines. En examinant de plus près la végétation, nous remarquons que la plante, en s'allongeant de nœud en nœud, et en poussant une feuille après l'autre, en un mot en *végétant*, exerce une sorte de reproduction, qui ne diffère de la reproduction florale et séminale qu'en ce que cette dernière est simultanée, tandis que la première est successive, et se manifeste par une série de développemens isolés. Cette force végétative, qui se montre par des productions successives, a la plus intime analogie avec l'autre force, qui se manifeste par une reproduction nombreuse simultanée. On peut à volonté obliger une plante à *pousser* toujours sans fleurir, ou *hâter sa fleuraison*. Le premier résultat est l'effet de l'affluence surabondante d'une nourriture brute, et le second est le résultat de la prépondérance des forces organiques.

114°. En nommant la végétation une reproduction successive, et la fructification une reproduction simultanée, nous avons réellement défini la différence essentielle qui distingue ces deux sortes de reproduction. Une plante qui végète s'étend plus ou moins; elle pousse une tige, les nœuds sont distincts et séparés par des entrenœuds plus ou moins longs, et leurs feuilles s'é-

6

panouissent dans tous les sens. Une plante qui fleurit, au contraire, s'est contractée dans tous les sens; les dimensions de longueur et de largeur sont en quelque sorte supprimées, et tous ses organes sont concentrés et pressés les uns près des autres.

115°. Mais, soit que la plante végète, soit qu'elle fleurisse ou qu'elle fructifie, elle produit toujours des organes identiques, qui ont à la vérité des destinations différentes et des formes très variées, propres à remplir le vœu de la nature. Le même organe qui s'est épanoui et dilaté sur la tige, à l'état de feuille, en revêtant diverses formes, se contracte dans le calice, s'épanouit de nouveau dans les pétales, se contracte encore dans l'étamine, et s'épanouit enfin pour la dernière fois dans le fruit.

116°. Cette action de la nature est en même temps accompagnée d'un autre phénomène, savoir la réunion des divers organes autour d'un centre commun, dans des proportions numériques plus ou moins fixes, mais susceptibles d'être altérées dans certaines circonstances.

117°. Pendant la formation de la fleur et des fruits, les parties voisines qui se trouvent serrées les unes contre les autres dans leur état rudimenlaire, s'anastomosent ou se soudent intimément, soit pour toute la durée de leur existence, soit jusqu'à une époque déterminée.

118°. Ces contractions, cette concentration et cette anastomose des parties, s'observent non-seulement dans la fleur et le fruit, mais nous voyons déjà quelque chose de semblable dans les cotylédons, et d'autres parties du végétal nous fourniraient encore de nombreuses occasions de répéter ces observations.

119°. Après avoir attribué à de simples modifications d'un seul organe, savoir de la feuille caulinaire, la formation de tous les autres organes de la plante, soit qu'elle végète, soit qu'elle fleurisse, nous avons aussi tenté d'expliquer par des modifications de la feuille la formation des fruits renfermant les graines.

120°. On sent que, dans cette théorie, nous aurions besoin d'un mot pour désigner ce *prototype* ou cet *organe originel* qui subit toutes ces métamorphoses (1), afin de pouvoir lui comparer toutes les formes qu'il revêt; pour le moment,

(1) Turpin appelle collectivement tous ces organes *organes appendiculaires*, et quoique ce terme ne réponde pas à la pensée de Goëthe, cependant il exprime bien le caractère général de ces organes. (NOTE DU TRAD.)

nous nous bornerons à comparer les organes entre eux, soit en avançant, soit en rétrogradant : car nous pouvons également dire d'une étamine que c'est un pétale contracté, ou d'un pétale que c'est une étamine dilatée ; qu'un sépale est une feuille plus ou moins contractée, dont l'organisation est plus déliée, ou que la feuille est un sépale dilaté par suite de l'affluence de sucs plus grossiers.

121°. Nous pouvons aussi dire de la tige que c'est une inflorescence dilatée, ou de la fleur et du fruit que c'est une tige contractée.

122°. J'ai examiné encore vers la fin de cet essai le mode de développement des gemmes ou bourgeons, et j'ai cherché à expliquer par leur moyen les inflorescences et les fleurs composées, ainsi que les fruits découverts.

123°. C'est ainsi que j'ai cherché à rendre évidente et sensible pour d'autres une manière de voir, qui pour moi est une conviction : si cette théorie n'est pas encore poussée jusqu'à l'évidence, si elle semble donner lieu à bien des contradictions, si elle ne paraît pas encore applicable à tous les phénomènes qui devraient y rentrer, ce sera un motif et un devoir pour moi d'examiner toutes les objections, et de traiter par la suite cette matière avec plus d'étendue et de précision, afin de lui donner le degré d'évidence qui lui manque encore, et de lui procurer un assentiment plus général.

FIN.

TABLE.

Pag

Précis historique et Avant-Propos du traducteur v

Considérations préliminaires 17

Chapitre premier. — Des Feuilles séminales ou Cotylédons 21

Chap. ii. — Développement successif des feuilles aux nœuds de la tige 25

Chap. iii. — Passage du végétal à l'état de fleur. 31

Chap. iv. — Formation du calice. 33

Chap. v. — Formation de la corolle 37

Chap. vi. — Formation des étamines. 41

Chap. vii. — Nectaires 43

Chap. viii. — Quelques observations de plus sur les étamines 48

Chap. ix. — Formation du pistil 52

Chap. x. — Des fruits. 56

Chap. xi. — Des enveloppes propres de la graine 60

Chap. xii. — Récapitulation 62

Chap. xiii. — Des bourgeons ou gemmes, et de leur développement. 63

CHAP. XIV. — Formation des inflorescences composées et des fruits composés 66

CHAP. XV. — Roses prolifères. 71

CHAP. XVI. — Œillets prolifères 73

CHAP. XVII. — Théorie de Linné sur l'anticipation (*prolepsis*) 75

CHAP. XVIII. — Résumé. 80

FIN DE LA TABLE.

www.ingramcontent.com/pod-product-compliance
Ingram Content Group UK Ltd.
Pitfield, Milton Keynes, MK11 3LW, UK
UKHW020344180726
13839UKWH00002B/901